Thomas Schmid

Schulgeschichten von Pippa

Bilder von
Stefanie Scharnberg

Verlag Friedrich Oetinger · Hamburg

Alles von Pippa

Pippa Lieblingstochter
Pippa Lieblingsfreundin
Schulgeschichten von Pippa

Einbandgestaltung: Ralph Bittner
Titelbild und farbige Illustrationen: Stefanie Scharnberg
Reproduktion: Domino GmbH, Lübeck
Druck und Bindung: Mohn Media, Gütersloh
Printed in Germany 2004/II
ISBN 3-7891-0607-0

www.oetinger.de

Schulaufgaben

Philippa Strohschneider 2 a schreibt Pippa in Schönschrift auf ihr neues Heft und steckt es in ihren Schulrucksack. Sie freut sich immer, wenn sie ein neues Heft anfangen kann. Da ist noch alles ohne Fehler und Eselsohren. Und Totenköpfe sind auch noch nicht drin. Die malt einem nämlich der Michael Schirmbeck rein, wenn man nicht aufpasst oder das Heft unter der Bank liegen lässt. Totenköpfe und Pistolen und Weltraummonster.

Mama kommt aus dem Bad und riecht sehr vornehm nach dem Parfüm, das Pippa und Papa ihr zu Weihnachten geschenkt haben. Sie geht heute nämlich zu ihrem Zahntechniker-Stammtisch. Darauf freut sich Mama. Aber auch Pippa. Denn wenn Mama beim Stammtisch ist, machen sie und Papa immer Pantoffel-Kino. Für Pantoffel-Kino braucht man keine Pantoffeln und kein Kino. Nur einen Fernseher und die große Kuscheldecke.

Gleich nachdem Mama weg ist, holt Papa „Die Schöne und das Biest" aus seiner Aktentasche, legt die DVD ein und schaltet den Fernseher an. Aber der Fernseher gibt nur ein Knacksgeräusch von sich. Und anstatt

des Biests und der Schönen erscheint „F5“ auf dem Bildschirm.
„Wenn F5 angezeigt wird: Gerät abschalten und Netzstecker ziehen“, liest Papa in der Gebrauchsanweisung. „Wenden Sie sich an den Hersteller oder Ihren Fachhändler!“

Schimpfend schaltet er das Gerät ab, zieht den Netzstecker und peitscht den Fernseher zur Strafe mit der Gebrauchsanweisung.
Pippa muss lachen. „Bist du jetzt die Schöne oder das Biest?“
„Wohl eher das Biest“, sagt Papa ziemlich biestig und beginnt Pippa, die Schöne, durch die Wohnung zu jagen. Kurz bevor er sie erwischt, verwandelt Pippa sich. Jetzt zeigt sie ihre Krallen und der schöne Papa muss davonrennen.
Als Mama heimkommt, haben Pippa und Papa den kaputten Fernseher total

vergessen. Sie sind jetzt zwei blinde Grottenolme in der Tropfsteinhöhle unter dem Tisch, über den sie die Kuscheldecke gebreitet haben. Die beiden Grottenolme sind so blind, dass sie Mama nur am Geruch erkennen. Der ist eine Mischung aus Mama, Parfüm und Restaurant. Aber noch etwas haben Pippa und Papa vergessen, nämlich dass Pippa schon längst im Bett sein müsste.

Am nächsten Morgen hätte Pippa fast verschlafen. Sie braucht für alles viel länger als sonst. Vielleicht ist sie immer noch ein bisschen grottenolmblind. Gerade noch rechtzeitig schafft sie es aus dem Haus. Pippa rennt durch die Aula. Fast stolpert sie über den Werkzeugkasten vom Hausmeister. Der Hausmeister steht auf der Leiter und hängt Girlanden auf. Bald feiert Pippas Schule ihr 25-jähriges Bestehen. Pippa saust die Treppe hoch, macht die

Klassenzimmertür auf und kriegt einen Schreck. Das liegt an dem Fußball, den Patrick auf dem Fuß balanciert, dem Astronautenhelm auf Manuels Kopf und an all den anderen Spielsachen, die ihre Mitschüler dabeihaben. Pippa hat ganz vergessen, dass sie heute ihr Lieblingsspielzeug mitbringen sollten!

Ein Lieblingsspielzeug mitzubringen war Schulaufgabe! Und bei vergessenen Schulaufgaben ist mit Frau Lipowski nicht zu spaßen. Pippa setzt sich auf ihren Platz neben Daniela. Ratlos schaut sie auf Danielas Kassettenrekorder mit Mikrofon. „Was hast du denn dabei?“, fragt Daniela.

Genau in diesem Augenblick kommt Frau Lipowski mit ihrer Schulmappe und ihrer Sporttasche rein. Und Pippa fällt ein, was sie noch vergessen hat: ihr Turnzeug! Heute

haben sie ja in den letzten beiden Stunden Sport! Noch nie hat Pippa ihre Schulaufgaben oder ihr Turnzeug vergessen. In der ganzen ersten Klasse nicht und bis jetzt auch nicht in der zweiten.
„Mein Lieblingsspielzeug“, schreibt Frau Lipowski an die Tafel. Der Reihe nach soll jeder sein Lieblingsspielzeug vorführen und etwas dazu sagen.
„Den Gameboy hab ich von meinem Dad bekommen“, sagt Michael. „Seit er nicht mehr bei uns wohnt, krieg ich viel mehr Geschenke von ihm als früher. Sogar einen Computer. Und Geld für Comics!“

Als Nächsten ruft Frau Lipowski Patrick auf. Patrick lässt den Fußball von seinem linken Fuß auf den rechten hüpfen und immer hin und her. Das sieht aus wie ein Tanz. Mit dem Ball hat er schon 211 Tore geschossen. Frau Lipowski dreht sich zu Daniela. Pippas Zehen in ihren Schuhen verkrampfen sich. Gleich wird Frau Lipowski merken, dass sie die Schulaufgabe vergessen hat.
Daniela nimmt das Mikrofon und zählt auf Englisch: „One, two, three!"

Dann drückt sie einen Knopf an ihrem Kassettenrekorder. Musik ertönt und Daniela singt mit. Ihre Stimme kommt aus dem Lautsprecher. Das Mikrofon hält sie wie eine echte Sängerin. Pippa wünscht, Daniela würde bis Schulschluss nicht mehr aufhören zu singen. Aber da ist Daniela auch schon fertig und alle klatschen.
„Und du, Pippa?“, fragt Frau Lipowski. „Wo ist dein Lieblingsspielzeug?“

Was soll Pippa jetzt bloß tun? Alles zugeben?
„Hallo, Pippa, ich rede mit dir!“

„Mein Lieblingsspielzeug ist mein Papa!“, sagt Pippa schnell. Das ist ihr gerade eben eingefallen. Michael fängt lauthals zu lachen an. Und sofort lacht die ganze Klasse mit. Pippa hat das Gefühl, als würden ihre Ohren leuchten wie Glühlampen.
„Ruhe!“, ruft Frau Lipowski und stellt sich direkt neben Pippas Bank.
Oje, denkt Pippa, bestimmt hat sie gemerkt,

dass das nur eine Ausrede war. Aber die Lehrerin fordert Pippa bloß auf, ein wenig von ihrem Lieblingsspielzeug zu erzählen.
„Manchmal ist mein Papa ein Mustang“, murmelt Pippa, „auf dem ich durch die Prärie reiten kann!“
„Das war meiner auch oft“, ruft Michael dazwischen. „Früher, als er noch bei uns gewohnt hat.“ Er legt seinen Gameboy weg und schaut zu Pippa. Fast ein wenig neidisch.

„Oder wir sind zwei blinde Grottenolme“, sagt Pippa. „Oder Löwen und fressen die Mama auf. Natürlich nicht echt. Aber Papa kann auch ein gutes Karussell sein, er nimmt mich an den Händen und dreht mich durch die Luft.“

Pippa atmet auf. Niemand lacht sie mehr aus. Die Lehrerin sagt sogar, dass so ein Papa wirklich ein gutes Spielzeug sein

kann, und erzählt, dass sie mit ihrem Vater oft Perlentaucher gespielt hätte. Natürlich bloß auf dem blauen Wohnzimmerteppich und mit Murmeln als Perlen.
Da schaltet Daniela ihr Mikrofon ein und ihre Stimme ertönt aus dem Lautsprecher.
„Dann hätte Pippa ihren Papa doch eigentlich mitbringen müssen, wenn er schon ihr Lieblingsspielzeug ist!"
Pippa schluckt. Jetzt muss sie wohl doch noch zugeben, dass sie ihre Schulaufgabe vergessen hat. Aber bevor Pippa etwas sagen kann, klopft es. Frau Lipowski macht die Tür auf, und wer hereinkommt, ist niemand anderer als Papa.
„Der Grottenolm", sagt Michael.

Papa begrüßt die Lehrerin. Dabei suchen seine Augen nach Pippa. Er hält ihren Turnbeutel hoch. „Pippa hat ihr Turnzeug vergessen. Und da die Schule ja fast auf meinem Weg liegt ...“
Aber weiter kommt Papa nicht, denn da rennt Pippa schon zu ihm hin und nimmt seine Hand.
„Manchmal“, sagt Pippa, „ist mein Lieblingsspielzeug auch mein Diener und bringt mir alles, was ich vergessen hab!“
Papa versteht nur Bahnhof und schaut auch so drein. Aber Pippa strahlt. Was für ein Glück, Schulaufgaben zu vergessen, die einem von selbst nachlaufen.

Schultheater

Mathe ist wie immer, Deutsch ist wie immer und Sachkunde auch. Aber in der letzten Stunde ist alles anders. Sie haben nicht Musik, sondern eine Besprechung.

„Wie ihr sicher wisst, feiert unsere Schule bald ihr 25-jähriges Bestehen“, sagt Frau Lipowski. „Und da hab ich mir gedacht, wir könnten doch bei der Jubiläumsfeier Theater spielen! Ich muss nur noch ein geeignetes Stück finden!“

„Wie wär's damit!" Michael zieht einen Comic raus, auf dem eine nackte Frau von einer riesigen Monsterhand gefangen gehalten wird. „Todeskralle des Grauens!" Alle lachen. Nur Frau Lipowski seufzt und

teilt dann die Klasse in drei Gruppen ein. Die Bühnenarbeiter, die Musiker und die Schauspieler. Pippa stellt sich erst zu den Bühnenarbeitern. Aber weil Daniela und Michael bei den Schauspielern sind, wechselt sie schnell und wird auch Schauspielerin.

Als Pippa heimkommt, hört sie schon beim Öffnen der Wohnungstür, dass Oma und Tante Ingrid zu Besuch sind. Sie stellt ihren Schulrucksack ab, geht ins Wohnzimmer und verkündet stolz, dass sie in der Schule ein Theaterstück aufführen. Oma und Tante Ingrid sind sofort ganz aus dem Häuschen vor Entzücken. Sie haben als Kinder auch in einem Schultheater mitgespielt.
„Ich hab einen Engel gespielt“, sagt Tante Ingrid. „Mit Flügeln, die glitzerten wie Diamanten!“
„Ich war eine Prinzessin“, sagt Oma. Sie streicht Pippa eine Haarsträhne hinters Ohr.

„Und was spielst du für eine Rolle?“
„Wahrscheinlich auch eine Prinzessin“, meint Pippa, obwohl sie sich da nicht ganz sicher ist. Darüber haben sie mit Frau Lipowski noch gar nicht geredet.

„Eine Prinzessin, wie süß!“ Oma schlingt vor Begeisterung ihre Arme um Pippa.
„Oder auch einen Engel.“ Pippa will sich noch nicht festlegen.
Papa zieht ein Album aus dem Regal.
„Das Strohschneider-Familienalbum“, sagt Oma.

Gemeinsam blättern sie in dem Album, in das Briefe eingeklebt sind, Postkarten und Fotos.

„Das bin ich als Prinzessin.“ Oma zeigt auf ein altes Schwarzweißfoto. Und von Tante Ingrid als Engel gibt es sogar einen Zeitungsausschnitt mit Bild. Tante Ingrid scheint zu schweben, so dünn und leicht sieht sie aus mit ihren Flügeln.

Am Wochenende kriegt Pippa ein Postpaket. Es ist von Oma und Tante Ingrid. In dem Paket sind eine kleine Prinzessinnen-Krone und zwei Engelsflügel, die glitzern wie Diamanten. Das ganze Wochenende über freut sich Pippa auf die Schule.

Endlich ist Montag. Frau Lipowski hat einen Stapel mit kopierten Blättern dabei. Inzwischen hat sie ein passendes Theaterstück gefunden. Es heißt „Bunter Frühlings-Sonnentanz“ und Frau Lipowski will gleich die Rollen verteilen. „Wer spielt die Bienenkönigin?“

Daniela meldet sich. Frau Lipowski schreibt es auf.
„Wer will der Hirschkäfer sein?“
Niemand meldet sich, also fragt Frau Lipowski einfach weiter. „Wer spielt die Grille?“

Franziska will die Grille sein. Pippa wartet noch. Sie will schließlich die Prinzessin in dem Stück spielen oder den Engel.
Annegret wird ein Schmetterling, Patrick ein Tausendfüßler und Karin eine Libelle. Nur Pippa und Michael sind noch ohne Rolle.

„Ich will ein Engel sein oder eine Prinzessin“, sagt Pippa.
Frau Lipowski schaut auf ihren Plan. „Hm, es gibt nur noch den Hirschkäfer und ...“
„Dann spiel ich den Hirschkäfer!“, sagt Michael schnell.
Frau Lipowski schreibt das auf, schaut zu Pippa und verkündet: „Also gut, Pippa, dann bist du unser Wurm!“
Pippa fällt fast in Ohnmacht. Ein Wurm?! Pippa soll ein Wurm sein?!
„Schön“, sagt Frau Lipowski, „dann machen wir mal eine erste Leseprobe.“ Sie deutet auf Daniela. „Die Bienenkönigin fängt an!“
Pippa holt die Krone und die Flügel aus der Plastiktüte neben ihrem Schulrucksack.
„Aber ein Wurm“, ruft sie ganz verwirrt, „ein Wurm braucht doch keine Flügel und keine Krone!“

„Aber eine Bienenkönigin“, sagt Daniela.
„Leihst du mir die Sachen?“, bettelt sie. „Wir sind doch Freundinnen!“
Pippa weiß nicht so recht.
„Wärst du denn damit einverstanden?“, fragt Frau Lipowski und nimmt Pippas Hand.

„Dann hätten wir ein Kostüm schon fertig. Wir sind sowieso knapp in der Zeit."
„Bitte, bitte, Pippa ...", sagt Daniela immer wieder und schaut Pippa mit flehenden Augen an. Da kann Pippa nicht anders und gibt Daniela die Krone und die Flügel.
Nach der Schule lässt Pippa die Bienenkönigin allein losgehen und wartet auf den Hirschkäfer. Der Hirschkäfer schiebt sein Rad neben Pippa her. Ihm sagt Pippa, dass sie kein Wurm sein will, sondern eine Prinzessin.
„Ich find Würmer cool", sagt Michael. „Viel cooler als Prinzessinnen!" Und dann erzählt er Pippa von einem Comic, in dem Riesenwürmer einen ganzen Planeten erobern.

Die Woche ist wie im Flug vergangen. In Deutsch haben sie ihre Texte gelernt, in Werken das Bühnenbild gebaut und in Musik die Tänze geübt.

Und jetzt ist es so weit. Die ganze 2 a wartet mit Frau Lipowski hinter den Kulissen auf ihren Auftritt. Auch Pippa in ihrem Wurm-Kostüm, das einfach ein rosafarbener Stoffschlauch ist, aus dem oben ihr Kopf rausschaut. Noch ist der Vorhang zu und der Direktor steht davor und hält eine Rede.

Daniela strahlt, wie eine Bienenkönigin nur strahlen kann. Pippa schwitzt. Sie rafft ihr Wurmkostüm hoch, schleicht zum geschlossenen Vorhang und linst seitlich durch den Schlitz. Die ganze Aula ist voller Menschen. Mama, Papa, Tante Ingrid und Oma sitzen gleich in der zweiten Reihe hinter den Ehrengästen und dem Fotografen von der Zeitung.
Plötzlich zieht Frau Lipowski Pippa wieder

hinter die Kulissen. Dann geht der Vorhang auf und Frau Lipowski schaltet den gelben Sonnen-Scheinwerfer ein. Die Musiker fangen mit ihrer Musik an, und wie sie es so oft geprobt haben, tanzen die Grille und die Bienenkönigin als Erste auf die Bühne. Danielas Krone und die Flügel glitzern und schillern im Scheinwerferlicht. Das Publikum klatscht. Dann treten Patrick als Tausendfüßler und Karin als Libelle auf.

„Komm“, sagt Michael zu Pippa, „wir sind dran!“ Er springt auf die Bühne. Aber Pippa bleibt starr wie ein vertrockneter Wurm hinter dem Busch aus Pappe stehen.
„Ach, lieber Wurm, so schau doch, auf der Lichtung ist ein Fest!“, fängt Michael seinen Text an, aber der Wurm hinterm Busch rührt sich nicht. In Pippas Ohren rauscht es nur. Vielleicht ist sie wirklich ein Wurm und hat ein so kleines Gehirn, dass darin nicht einmal ein einziger Gedanke Platz hat.
„Ach, lieber Wurm, so schau doch, auf der Wiese ist ein Fest!“, sagt der Hirschkäfer noch mal. „Hörst du! Ein Fe-est!!!“
Aber Pippa bleibt hinter dem Busch versteckt und rührt sich nicht.

Michael redet mit Hirschkäferstimme weiter. „Verflixt, der Wurm steckt tief in der Erde!" Das ist nicht der Text, den der Hirschkäfer eigentlich hätte sagen sollen. „Aber der Wurm steckt nicht mehr lange in der Erde, weil ich ihn herausziehen werde aus der Erde ...!"
Jetzt packt der Hirschkäfer einfach den Pippawurm und zerrt ihn ins Scheinwerferlicht. Dabei fällt der Busch um.

Pippa müsste sich jetzt kringeln wie ein Wurm und ihren Text aufsagen. Aber in ihrem Wurmgehirn sind keine Worte. Nicht ein einziges.
Da deutet der Hirschkäfer auf den umgefallenen Busch und wendet sich zum Publikum: „Der Wurm und ich, wir fürchten nicht den stärksten Wind ...“ Und nun fällt auch ihm nichts mehr ein.
Eine lange Sekunde ist es totenstill, doch dann hört Pippa sich selbst ganz laut sagen: „Wir fürchten nicht den stärksten Wind, weil wir die besten Freunde sind.“

Jetzt kommt Frau Lipowski mit der ganzen Klasse auf die Bühne. Gemeinsam singen sie das Schlusslied und tanzen dazu. Beim Verbeugen stellt Pippa sich weit nach hinten, damit keiner sie sieht. Ganz klein macht sie sich hinter Michaels Käferrücken. Michael tut ihr Leid, weil sie ihm seine Szene versaut hat. Das Publikum lacht und klatscht. Wahrscheinlich lachen sie über mich und klatschen für Daniela, denkt Pippa. Dann geht der Vorhang zu.

Am Samstagmorgen bittet Papa Pippa um ihren Klebestift. Auf seinem Schoß liegt das Strohschneider-Familienalbum.
„Lies mal!“ Papa zieht einen Zeitungsausschnitt hinter seinem Rücken hervor.

„Grundschule feiert 25-jähriges Bestehen“, liest Pippa. Darüber ist ein Foto. Von ihr und Michael auf der Bühne. Nur sie und er. Ganz groß. Und unter dem Foto steht: „Hirschkäfer und Wurm sorgten für gute Laune!“

Pippa weiß gar nicht, was sie denken soll.
Da klingelt das Telefon. Es ist Michael.
„Hast du schon die Zeitung gesehen?!“, fragt er.
„Ja“, sagt Pippa.
„Cool, was!“, sagt Michael.
Als sie auflegt, hat Papa den Zeitungsartikel schon ins Strohschneider-Album geklebt.
Pippa holt ihren Füller und schreibt in Schönschrift neben das Foto von sich und Michael: „Wir fürchten nicht den stärksten Wind, weil wir die besten Freunde sind.“
Und jetzt ist Pippa richtig froh, dass sie keine Prinzessin war, sondern der Wurm.

Klassenfahrt

Heute ist ein ganz besonderer Schultag. Jede Menge Mamas und Papas stehen auf dem Schulhof rum, zum Verabschieden. Heute hat die 2 a nämlich keinen Unterricht, sondern fährt für eine Woche ins Schullandheim. Auf Klassenfahrt.

Endlich kommt der Bus. Der Busfahrer redet mit Frau Lipowski und mit Herrn Glasenapp. Herr Glasenapp ist der Verlobte von Frau Lipowski. Er fährt als männliche Begleitperson mit. Vor dem Bus gibt es ein Riesengedränge. Alle Eltern wollen dabei helfen, die Koffer, Rucksäcke und Reisetaschen zu verstauen. Kurz bevor der Busfahrer die Kofferraumluken schließt, schleppen Frau Lipowski und Herr Glasenapp noch einen Karton an.
„Zerbrechlich!“ steht drauf.
„Was ist dadrin?“, fragt Daniela.
„Das ist noch ein Geheimnis!“, flüstert Frau Lipowski.
Der Busfahrer hupt. Pippa umarmt Papa zum Abschied. Alle steigen ein. Pippa setzt sich neben Daniela. Die Eltern winken, manche sogar mit Taschentüchern.

Frau Schirmbeck wirft Kusshände zu Michael, der ganz hinten im Bus in der letzten Reihe sitzt. Michael hält sich einen Comic vors Gesicht. Auf dem Titelbild sieht man ein Raumschiff, das gerade explodiert.

Im Schullandheim angekommen, werden als Erstes die Zimmer verteilt. Pippa, Daniela, Franziska und Annegret haben zusammen ein Viererzimmer mit Balkon. Aber den dürfen sie nicht benutzen, weil die Balkone auf dem ganzen Stockwerk renoviert werden und zurzeit kein Geländer haben.

Vor die Balkontür ist ein rot-weißes Absperrband gespannt, damit niemand versehentlich rausgeht.
Nach dem Essen machen sie eine Wanderung zu einem Steinbruch. Pippa findet eine kleine versteinerte Schnecke. „Das ist ein Ammonit“, erklärt ihr Herr Glasenapp. „Das sind eigentlich keine Schnecken, sondern ausgestorbene Kopffüßer.“ Er deutet auf Pippas Ammoniten. „Der ist mindestens 150 Millionen Jahre alt!“

Michael hat nichts gefunden. Er sagt, nach Versteinerungen zu suchen sei ihm viel zu langweilig, und setzt sich mit seinem Comic in den Schatten.
Vor dem Abendessen versammeln sich alle im Innenhof des Schullandheims. Auf einem Mäuerchen liegen zwölf verschiedene Pflanzen. Die Schüler müssen die Namen der Pflanzen aufschreiben. Frau Lipowski passt auf, dass niemand von den andern abschreibt, und sammelt dann die Zettel ein.
Nach dem Abendessen findet die Siegerehrung statt. Herr Glasenapp stellt den Karton mit der Aufschrift „Zerbrechlich!“

auf das Mäuerchen. Es ist richtig spannend. Frau Lipowski öffnet den Karton und holt eine Tasse daraus hervor. Alle Kinder drängen sich nach vorne. Auf der Tasse ist ihre Schule abgebildet.
Die Schultasse ist der Preis für den Sieger beim Pflanzen-Quiz. Franziska bekommt die Tasse. Sie hat als Einzige alle zwölf Pflanzen richtig erkannt. Pippa ärgert sich ein bisschen, sie hat nur sieben richtige Antworten auf ihrem Zettel. Michael macht mit seiner Digitalkamera ein Foto von Franziska, die ihre Tasse hochhält wie einen Pokal. Die Tasse leuchtet richtig in der Abendsonne. Fast golden.

Nachts schlafen Pippa, Daniela, Annegret und Franziska lange nicht ein, weil sie sich so viel zu erzählen haben und die ganze Zeit lachen müssen. So laut, dass Frau

Lipowski dreimal in ihr Zimmer kommt und sie ermahnt. Aber irgendwann schlafen sie dann doch ein. Mitten in der Nacht wacht Pippa auf, weil sie aufs Klo muss. Die andern schlafen alle tief und fest. Sie schaltet ihre Taschenlampe ein. Erst erschrickt sie, weil sie vor der Balkontür unheimlich glühende Augen sieht. Aber die Augen gehören bloß einer kleinen Katze. Leise schlüpft Pippa in ihre Hose und schleicht sich raus auf den Flur. Im Licht ihrer Taschenlampe geht sie den langen Gang entlang und verschwindet im Mädchenklo. Auf dem Rückweg hört sie ein Geräusch. Pippa hält den Atem an. Das Geräusch kam von der Treppe. Vorsichtig schleicht Pippa den Treppenabsatz hoch und schaut um die Ecke. Oben auf der Treppe sitzt Michael in seinem Schlafanzug.

Er hat ein Handy in der Hand.
„Hey, Michael“, sagt Pippa. „Handys sind doch verboten!“
Schnell wischt Michael sich über die Augen.
„Mir doch egal.“
Pippa setzt sich neben ihn. „Wen hast du denn angerufen?“
„Mama“, sagt Michael. „Sie macht sich immer solche Sorgen um mich. Deshalb.“
„Hast du Heimweh?“, fragt Pippa.
Michael schüttelt den Kopf. „Quatsch. Ich doch nicht.“ Seine Nase läuft und er schnieft.
Pippa greift in ihre Hosentasche. Darin ist

ein Taschentuch und ihr Ammonit. Sie gibt Michael das Taschentuch und er schnäuzt sich. „Wahrscheinlich hab ich einen Schnupfen."
Aber Pippa weiß, dass Michael geweint hat. Sie holt den Ammoniten aus ihrer Tasche. „Hier, der ist 150 Millionen Jahre alt!" Pippa drückt Michael den Ammoniten in die Hand. „Und wir sind doch schon in ein paar Tagen wieder zu Hause!"

„Du verrätst doch nichts, wegen dem Handy?!“, fragt Michael, bevor er in sein Zimmer geht. Pippa schüttelt den Kopf. Im Schein ihrer Taschenlampe läuft sie zurück in ihr Zimmer und kuschelt sich in ihr Bett.
In den nächsten Tagen gehen sie ins Schwimmbad, ins Museum und zum Kegeln. Und jeden Tag veranstalten Frau Lipowski und Herr Glasenapp einen neuen Wettbewerb. Und immer kriegt der Sieger eine Schultasse. Annegret ist die Gewinnerin der Schnitzeljagd und Daniela bekommt eine Schultasse, weil sie beim bunten Abend die meisten Rätsel lösen konnte. Drei wunderschöne Schultassen stehen auf dem Fensterbrett ihres Zimmers. Nur Pippa hat keine.

Am letzten Tag klopft Frau Lipowski beim Frühstück an ihren Becher, damit alle ihr zuhören. „Heute ist Aufräumtag“, verkündet sie. „Alle räumen ihr Zimmer picobello auf. Und vor dem Mittagessen machen wir die Preisverleihung. Die mit dem saubersten Zimmer bekommen jeder eine Schultasse!“

Pippa kann es kaum erwarten, bis das Frühstück vorbei ist. Wenn Daniela, Franziska, Annegret und sie ganz fleißig sind, könnten sie es schaffen. Und dann hätte auch Pippa eine Siegertasse. Aber Daniela, Franziska und Annegret wollen nicht aufräumen. Die wollen lieber mit den jungen Katzen von der Leiterin des Schullandheims spielen. Das liegt wahrscheinlich daran, dass Daniela, Annegret und Franziska schon jede eine Tasse gewonnen haben.
Wütend stapft Pippa allein in ihr Zimmer. Es sieht wirklich unordentlich aus. Da hängen nasse Handtücher und Badesachen rum. Die Trinkflasche von Annegret, das Schokoladenpapier von Franziska und jede Menge Klamotten. Allein schafft Pippa das nie. Doch dann hat sie eine Idee. Sie reißt

das rot-weiße Band vor der Balkontür ab und wirft in Windeseile alle Sachen auf den Balkon. Die Schuhe und Abfälle, die dreckigen Klamotten, das angebissene alte Wurstbrot von Daniela, Franziskas Strumpfhose und Annegrets Ringelsocken.

Jetzt muss Pippa nur noch die Betten machen. Gerade als sie das letzte Kissen glatt streicht, kommen Herr Glasenapp und Frau Lipowski rein und inspizieren das Zimmer. Herr Glasenapp schaut noch unter die Betten und malt dann ein Sternchen auf seine Liste.

Mittags grillen sie im Innenhof. Während die Würstchen auf dem Grill brutzeln, findet die Siegerehrung statt.

Frau Lipowski holt vier Schultassen aus dem Karton und verkündet: „Sieger beim Zimmeraufräumen sind: Daniela, Annegret, Franziska und Pippa!“ Sie winkt die vier zu sich. Pippa ist überglücklich. Michael fotografiert mit seiner Digitalkamera.

Gerade als Frau Lipowski Pippa ihre Siegertasse überreichen will, hört man plötzlich hoch über ihnen die jungen Katzen

maunzen. Alle schauen hinauf zu den Balkonen ohne Geländer. Dort balgen sich die Kätzchen um das angebissene Wurstbrot von Daniela. Und dabei schubsen sie den Kleiderberg um. Pippas Bikini, Franziskas Strumpfhose und Annegrets Ringelsocken segeln durch die Luft nach unten. Das Oberteil von Pippas Bikini landet auf Frau Lipowskis Kopf. Alle lachen. Nur Pippa nicht.

Und Frau Lipowski auch nicht. Die hält mit strengem Gesicht das Bikini-Oberteil hoch.
„Wem gehört das?"
Pippa meldet sich und gesteht, wie sie es ganz allein geschafft hat, das Zimmer so sauber zu kriegen.
„Du hast geschummelt, Pippa!", sagt Frau Lipowski mit ernster Miene. „Und deshalb sind Manuela, Carmen, Melanie und Saskia die Sieger, weil die das zweitsauberste Zimmer hatten."
Daniela, Annegret und Franziska finden das Ganze so lustig, dass sie Pippa helfen, alles wieder in Ordnung zu bringen. Die ganze Heimfahrt über ärgert sich Pippa. Über die Kätzchen, aber noch mehr über sich selbst.
Als Pippa dann zu Hause in ihrem eigenen Bett liegt, ist sie froh, wieder bei Mama und Papa zu sein. Und am Wochenende räumt

sie sogar freiwillig ihr Zimmer auf. Ganz ordentlich.

Am Montag steht die komplette 2 a vor der Pinnwand und hilft die Fotos aufzuhängen, die Michael während der Klassenfahrt gemacht hat. Gerade pinnt Michael das letzte Foto fest. Auf dem Foto ist Frau Lipowski mit Pippas Bikini-Oberteil auf dem Kopf zu sehen.

„Für den Presse-Fotografen unserer Klassenfahrt!“, sagt Frau Lipowski und überreicht Michael eine Schultasse. Alle klatschen. Michael verbeugt sich und geht zu Pippa. „Meine Tasse schenk ich Pippa. Denn ohne sie gäbe es das lustigste Foto ja gar nicht.“ Er drückt ihr die Tasse in die Hand. Und da erst sieht Pippa, dass Michael ihren Ammoniten an einem Lederband um den Hals trägt.